Garfiel

personal trainer

POR: JIM DAVIS

Grupo Editorial Lumen
Buenos Aires - México

ISBN 987-00-0067-3

Grupo Editorial Lumen

Viamonte 1674, (C1055ABF) Buenos Aires, República Argentina
Tel. 4373-1414 (líneas rotativas) Fax (54-11) 4375-0453
E-mail: editorial@lumen.com.ar
http://www.lumen.com.ar

Atenas 42,
(06600) México D.F. México
Tel. (52-5) 592-5311 • Fax: (52-5) 592-5540

Códigos de los "nunca" de Garfield

Nunca dejes de comer hoy lo que puedas comer mañana

Nunca hagas dieta los días de semana

Nunca lamerse en la mesa

Nunca nades en el jugo de la carne

Nunca entres en la plaza de toros

Nunca ronques cuando esté hablando el jefe

Nunca compres ropa interior usada

Nunca comas la "carne misteriosa"

PIZZA FAUSTO, LA CASA DE LA MEGAPIZZA DE QUESO

TENEMOS DE CEBOLLA... CON SALCHICHAS... CON ANCHOAS... ¿QUÉ DESEA?

¡HOLA!? ¿HAY ALGUIEN AHÍ?

TE ADORO, FAUSTO

OBSERVEN AL PERRO QUE SIEMPRE ESTÁ ALERTA

PSST, ESE SOS VOS, IDIOTA

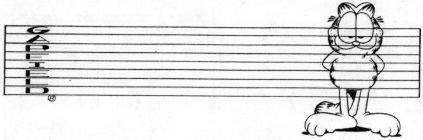

¿TERMINASTE TODA TU CENA?

JA, JA, JA, JA, JA, JA, JA, JA

JA, JA, JA, JA, JA,

JI, JI, JI, JI   MMMM, MMMMM

JA, JA, JA, JA JA, JA, JA, JA

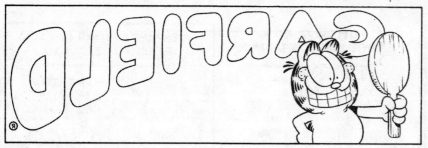

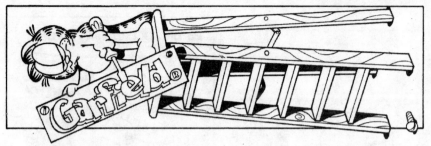

SLAM!

TUVE UN ACCIDENTE HOY EN LA MESA DE ENSALADAS

ME TROPECÉ CON EL GUARDIA Y TIRÉ UN PLATO DE GARBANZOS AL SUELO

UNA GORDA SE RESBALÓ Y SE CAYÓ EN LA SOPA DEL DÍA

LUEGO, SU MARIDO ME TIRÓ UN PLATO DE BRÓCOLIS Y, AL AGACHARME, METÍ LA CARA EN UNA SALSA

LA MUJER ME ATACÓ Y ME OBLIGÓ A COMERME LOS AJÍES PICANTES, ME PUSO ACEITUNAS EN LAS OREJAS, MIENTRAS SU MARIDO ME PONÍA UN PLATO EN LOS PANTALONES

ENTONCES... ¿CUÁL ERA LA SOPA DEL DÍA?

JIM DAVIS 10-10

www.garfield.com

VAMOS A DIVERTIRNOS

¿QUÉ ME IMPORTA SI NO PUEDO CONSEGUIR UNA CITA!

¡NOS PUSIMOS SOMBRERITOS DE CUMPLEAÑOS!

¡Y LA ESTAMOS PASANDO BÁRBARO!

¡TODO EL VECINDARIO LA VA A PASAR BÁRBARO!

¡TODOS, HOP, HOP, HOP, HOP!

HUBERT, TENGO MIEDO

CALLATE Y... CONGA

NO SOS UNA ARAÑA...

MUY PERCEPTIVO, CEREBRO DE MOSQUITO

PARA TU INFORMACIÓN, SOY UN CIEMPIÉS...

UN ARTRÓPODO CHATO CON VARIOS SEGMENTOS Y PIERNAS

AHORA, PODÉS ESCRIBIR EN TU DIARIO QUE APRENDISTE ALGO NUEVO HOY, IDIOTA

QUERIDO DIARIO...

JIM DAVIS 11-7

BUEN DIA, SR., MI NOMBRE ES FRANK PULGA Y ME ACABO DE GRADUAR EN "CÓMO ENTRAR Y SER UN PARÁSITO"

¡ESTOY SEGURO DE QUE ENCONTRARÁ EN MÍ UN EMPLEADO DEDICADO, TRABAJADOR Y BUEN COMPAÑERO DE EQUIPO!

¡SERÉ NUEVO POR ACÁ PERO VENGO DE UNA LÍNEA EXITOSA DE CHUPADORES DE SANGRE Y ESTOY BIEN PREPARADO PARA SEGUIR CON ESA TRADICIÓN!

www.garfield.com

ES IMPRESIONANTE, FRANK, PERO POR AHORA NO ESTOY RECIBIENDO SOLICITUDES

¿DE VERDAD?

PROBÁ CON EL PERRO DE AL LADO. CREO QUE SU PATA TRASERA TIENE UNA APERTURA

JIM DAVIS 11-28

¿QUÉ ES ESO?

UN PEQUEÑO RESUMEN

¡AUHHHHH!

A VECES TENÉS
QUE MORDER ALGO

11-29

ODIE PERSIGUIÓ
SU COLA

ODIE ATRAPÓ
SU COLA

ODIE ENTERRÓ
SU COLA

www.garfield.com

www.garfield.com

"QUERIDO HIJO: FELICES FIESTAS DESDE LA GRANJA. HAN PASADO TANTAS COSAS AQUÍ..."

"LA YEGUA TUVO UN POTRILLO, LA CHANCHA TUVO SU CHIQUERO Y EL POLLO TUVO UN ATAQUE..."

"SEGURAMENTE ERA DELICIOSA"

ME EMPIEZAN A GUSTAR ESTAS CARTAS DE SU CASA

¿ME PRESTÁS TRES MERENGUES?

POR SUPUESTO

¡GAR-FIELD!

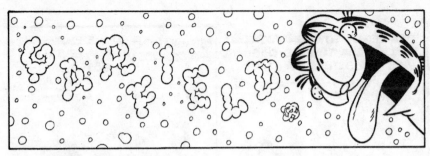

VOY A ESCRIBIR A PAPÁ NOEL

Querido Papá Noel:
Te escribo esta carta en nombre de mi gato que se ha portado bien casi todo el año

¡PUM!

borrar, borrar, borrar, borrar

... muy bien todo el año

¡PUM!

borrar, borrar, borrar, borrar

TICK TICK TICK TICK TICK TICK

¡HA SIDO UN SANTO!

¡POR FAVOR!

AGRANDAR TU RESUMEN NO LE HACE MAL A NADIE

www.garfield.com

JIM DAVIS 12-12

¿HOLA, ABUELA? SOY JON. ¡TE LLAMO PARA DESEARTE FELICES FIESTAS!

¿ABUELA? ¡¿ABUELA?! ¿PODÉS ESCUCHARME? ¡ESTÁ BIEN, ESPERO!

¿ESTÁ LEVANTANDO EL VOLUMEN DE SU AUDÍFONO?

NO, BAJANDO EL CD DE HEAVY METAL DE SU ESTÉREO

ME ENCANTAN LAS FIESTAS

¡Y CONSEGUÍ LOS ADORNOS MÁS LINDOS!

AHORA, VAYAN AL TECHO

ADIVINÁ QUIÉN VA A RECIBIR UNA RATA EN SU MEDIA ESTA NAVIDAD

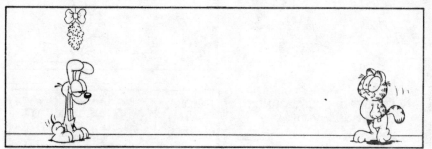

NO, NO, ENTIENDO, PATTI

TAL VEZ EN ALGÚN OTRO AÑO NUEVO

TIENE QUE QUEDARSE EN CASA PARA PEINAR A SU NUTRIA

¿ALMA CONFIADA O FLORECIENTE IDIOTA? VOS HACÉS EL LLAMADO

BETH, MI AMORCITO, ¿TE GUSTARÍA SALIR SÓLO CONMIGO EN AÑO NUEVO?

¿ALGUNA VEZ TE REÍSTE TANTO HASTA ATRAGANTARTE?

OH, ME SAQUÉ UNA O DOS BOLAS DE PELOS

¿QUÉ VAS A HACER HOY, GARFIELD?

PENSÉ EN TERMINAR MIS MEMORIAS Y PINTAR LA CASA

BUEN SENTIDO DEL HUMOR

Y DESPUÉS HACER SERVICIO COMUNITARIO

LO ÚNICO QUE TE PIDO ES QUE TE MUEVAS LO SUFICIENTE PARA NO TENER QUE SACARTE EL POLVO

¡TRABAJO, TRABAJO, TRABAJO!

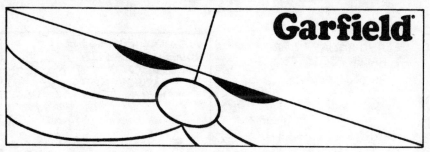

Garfield

RIIING!

¿HOLA?

¿SÍ?... ¿SÍ?

www.garfield.com

¿SÍ?!!

¿SÍIIIIIIIIIIIIII?

REALMENTE LO LAMENTO...

ESA ES MI SEÑAL PARA QUE ME ESCONDA DETRÁS DE LAS CORTINAS

CLIC

GATOS DEL MUNDO, ¡ÚNANSE!

¡ES TIEMPO DE QUEMAR NUESTROS COLLARES Y DEJAR LA OPRESIÓN!

HEMOS SUFRIDO POR LOS HUMANOS DURANTE MUCHO TIEMPO

¡EL TIEMPO DE HACER ALGO LLEGÓ! ¡EL TIEMPO...!

¡OH ♪ FLUFFY!

¡EL TIEMPO DE...!

¡FLUFFY! ¡A CENAR!

ESPEREN. ¡ENSEGUIDA VUELVO!

LA REVOLUCIÓN SE POSTERGA POR AMS ÑAMS

GARFIELD ®

PARA MÍ, ROQUEFORT O NADA...

OHHH, AHÍ VIENE TU HUMANO. ¡ESCÓNDEME!

STUFF

© 2000 PAWS, INC. Distributed by Universal Press Syndicate

VEO QUE ESTÁS EN GUARDIA

¡SEGUÍ TRABAJANDO BIEN!

www.garfield.com

¡RATÓN! ¿ESTÁS AÚN AHÍ?

CASI

ME ESTOY AGARRANDO DE TU CAMPANITA

JIM DAVIS 2-6

¡GARFIELD!

BIEN, GARFIELD, FUE DIVERTIDO POR UN RATO...

PERO AHORA SE NOS FUE DE LAS MANOS

ESTO TIENE QUE PARAR

¡NIP! ¡NIP!

¿QUÉ PASA, MUCHACHO?

¡JON, EL PEQUEÑO TIMMY SE CAYÓ EN EL VIEJO ALJIBE!

¡Y PARECE QUE LE ENCANTA ESTAR AHÍ!

TIENE TV Y VIDEO, Y ADEMÁS ESTÁ LEJOS DE SUS MALVADOS PADRES ADOPTIVOS...

¡POR FAVOR, NO LO RESCATES!

JIM DAVIS 2-27

HOY ESTOY CONTENTO DE NO HABLAR "GATO"

¡MEJOR QUE NO TE METAS CON NOSOTROS, JON! ¿NO, ODIE?

¿VES? ESTÁ DE ACUERDO CONMIGO

ES VIERNES POR LA NOCHE, GARFIELD

OTRO FIN DE SEMANA DE TV Y COMIDA CHATARRA...

Y QUEDARSE DORMIDO CON UNA MALA PELÍCULA...

¡SÍ!!!!!

JIM DAVIS 3-3

¡AHHHH!

¡PARA AQUELLOS QUE LLEGARON TARDE, MIREN LO QUE SE PERDIERON!

¡AHHHHH!

JIM DAVIS 3-4

BUENO, TENGO ALGO QUE HACER

ADELANTE

CREO QUE PUEDO HACER ESTO SOLO

"... Y, MIENTRAS EL PERRO DORMÍA, EL GATO SE AFILABA LAS GARRAS EN LA PIEDRA DE AFILAR"

"HOY PUEDE SER UNA NOCHE LLENA DE ACONTECIMIENTOS..." CONTINUARÁ

LO SIENTO MUCHO

ERA LA SRA. FEENY QUEJÁNDOSE DE VOS OTRA VEZ

NO VAS A PONER UN PIE MÁS EN SU PROPIEDAD, ¿ENTENDISTE?

RING

¡SACÁ EL DEDO DEL PIE DE SU CÉSPED!!!!!!!

¡TENGO UNA CITA ESTA NOCHE!

ME PREGUNTO QUÉ DEBERÍA REGALARLE

¿QUÉ TE PARECE UN CEREBRO, PARA COMENZAR?

PASÓ OTRO DÍA

¿Y POR QUÉ NO DEBERÍA?

NO HICIMOS NADA PARA EVITARLO

CLIC

¡... HÁGASE RICO CON BIENES RAÍCES!

CLIC

... AHORA PINTAREMOS UN CIERVO FELIZ AL LADO DEL ARROYO

CLIC

¡QUEME GRASAS! ¡SAQUE MÚSCULOS!

CLIC

¡... SÓLO PÓNGASELO Y VEA CÓMO DESAPARECEN LAS ARRUGAS!

CLIC

¡... SE REBANA, SE CORTA!

CLIC

¿DÓNDE ESTABAS?

SÓLO HACIENDO NEGOCIOS, DIBUJANDO, ACICALÁNDOME, EJERCITANDO, CORTANDO...

JIM DAVIS 4-2

LAS DIEZ MEJORES SUGERENCIAS DE GARFIELD
PARA NUEVOS EVENTOS ATLÉTICOS

10	LANZAMIENTO DE PERRO
9	RONQUIDOS SINCRONIZADOS
8	COMA RÁPIDO
7	HOCKEY DE RATONES
6	TRINEOS DE DEMOLICIÓN

5	SALTO DE SKI DE 90 METROS SOBRE ABUELA DESPREVENIDA
4	SALTO EN LARGO SOBRE GLOTONES RABIOSOS
3	LEVANTAMIENTO DE HELADERAS
2	CORTE DE BOLAS DE PELO
1	COMA HASTA QUE EXPLOTE

NOMBRE Y APELLIDO: . . . .

FECHA DE NACIMIENTO: . . . .

DIRECCIÓN: . . . . .CÓDIGO POSTAL: . . . .

E-MAIL/TEL/FAX: . . . .

ME INTERESA RECIBIR:

1) PROMOCIONES, INFORMACIÓN DE GARFIELD,
NOTICIAS DE LANZAMIENTOS.   SÍ ☐   NO ☐

2) COMICS POR E-MAIL.   SÍ ☐   NO ☐

PODÉS ENVIARNOS ESTE CUPÓN Y TUS COMENTARIOS POR:

✔ E-MAIL: **garfield@lumen.com.ar**

✔ CORREO: VIAMONTE 1674 (C1055ABF)
         BUENOS AIRES

✔ FAX: (54-11) 4375-0453

Se terminó de imprimir en el mes de agosto de 2003
en el Establecimiento Gráfico **LIBRIS S. R. L.**
MENDOZA 1523 • (B1824FJI) LANÚS OESTE
BUENOS AIRES • REPÚBLICA ARGENTINA